LE PRÉSIDENT PURR-FAIT

Mike Seirots

LA VIE PRÉCÉDENTE DE MONSIEUR MIAOU

Monsieur Miauo aimait mener une vie simple. Ce n'était qu'un chat ordinaire qui vivait paisiblement sa vie dans la capitale des États-Unis d'Amérique. Il était un habitué et l'une des personnalités les plus populaires du quartier de Georgetown à Washington D.C. depuis de nombreuses années.

Sa propriétaire, une dame âgée et sympathique appelée Mme Jenkins, disait en plaisantant que si Monsieur Miauo était un homme, il pourrait se lancer dans des activités politiques, grâce à son ronronnement charmant et sa capacité à faire une sieste même dans les réunions plus controversées.

Cependant, quelque chose d'inimaginable était sur le point d'arriver à ce chat amical et calme. Sa vie tranquille allait bientôt être radicalement changée.

LE CANDIDAT IMPROBABLE

Par une belle journée ensoleillée, dans la ville de Washington, s'est tenue une réunion pour choisir les candidats aux prochaines élections à la présidence des États-Unis. On ne sait pas si c'est par erreur ou par plaisanterie que quelqu'un a décidé d'inscrire le nom de Monsieur Miauo sur la liste des candidats à la présidence des États-Unis.

Beaucoup pensaient qu'il s'agissait d'une erreur ou d'une erreur, mais lorsqu'ils s'en sont rendu compte, la liste des candidats ne pouvait plus être modifiée. Son nom a fini par figurer sur la liste soumise aux électeurs.

Le nouveau candidat félin a commencé à devenir très populaire auprès d'un groupe d'étudiants universitaires. Lassés des candidats politiques habituels, ils ont décidé de créer un site de campagne pour soutenir ce nouveau type de candidats. Avec le slogan « Miauo pour

Président », la plateforme promettait d'inscrire l'introduction des « massages obligatoires du ventre » comme un nouveau droit universel pour tous les Américains (humains et animaux).

Internet a adoré cette idée. Les mèmes du visage adorable de Monsieur Miauo se sont répandus comme une traînée de poudre et, en peu de temps, la devise «Miauo Pour Président» est devenue un sujet viral sur les réseaux sociaux.

Cela semble peut-être étrange, mais ce qui s'est passé ensuite était encore plus incroyable.

JOUR D'ÉLECTION

Un autre jour d'élection typique est arrivé aux États-Unis. Les citoyens de tout le pays se sont rassemblés aux isoloirs pour choisir le prochain président des États-Unis.

Dans l'après-midi, les premiers signes étranges ont commencé à apparaître. Certaines sociétés de sondage d'intention de vote ont commencé à indiquer la forte probabilité que le nom de Monsieur Miauo apparaisse aux côtés des candidats ayant obtenu le plus de voix.

Au début, ces projections de résultats ont été considérées comme une erreur, mais une fois le processus de décompte des voix commencé, les premiers chiffres ont commencé à aller dans cette direction.

Il est devenu évident que quelque chose d'inédit se produisait : le candidat Monsieur Miauo risquait de remporter les élections américaines !

LE RÉSULTAT OFFICIEL

Finalement, le résultat officiel a été annoncé : Monsieur Miauo a été élu nouveau président des États-Unis avec une victoire écrasante. La nation américaine était sous le choc.

Monsieur Miauo, un chat domestique à fourrure doux et aux yeux brillants, il était le nouveau leader officiel des États-Unis d'Amérique

L'impensable s'était réellement produit. Monsieur Miauo avait remporté l'élection, devenant ainsi le premier président félin des États-Unis.

Alors que la nouvelle de ce résultat électoral sans précédent se répandait, les gens du monde entier étaient perplexes et intrigués par le nouveau leader, qui ne pouvait communiquer qu'à travers de doux miaulements.

La nouvelle a provoqué un choc dans le monde entier et les réseaux sociaux ont été inondés de blagues sur le nouveau président félin.

Les gens étaient étonnés, confus et certains même indignés. Comment un chat, une créature qui passe la majeure partie de sa journée à dormir et à manger, pourrait-il diriger le plus grand pays du monde libre ?

Comment un chat, sans expérience politique, pourrait-il devenir le leader du monde libre ?

Le Collège électoral américain était en émoi, certains membres exigeant un recomptage des votes tandis que d'autres insistaient sur la légitimité des résultats.

Certains membres du cabinet présidentiel ont même suggéré d'organiser de nouvelles élections, mais les experts juridiques les plus respectés aux États-Unis ont rapidement rejeté cette idée comme étant inconstitutionnelle.

La Constitution américaine ne prévoyait aucune disposition spécifique pour faire face à une telle situation, ce qui ne laissait à la nation américaine aucune alternative à cette situation politique sans précédent. Les plus optimistes considéraient même que Monsieur Miauo, de par ses origines atypiques, pouvait apporter une perspective unique à la gouvernance.

PRENDRE LE CONTRÔLE

Une fois la poussière médiatique retombée, il était temps pour Monsieur Miauo de prêter serment en tant que nouveau président des États-Unis.

La cérémonie d'inauguration était un peu différente de d'habitude. Le sympathique chat, perché sur les genoux de Mme Jenkins, a posé sa patte droite sur la Bible pendant qu'il écoutait le serment d'office. A la fin, il s'est mis à miauler de plus en plus fort. La foule a été surprise, mais s'est rapidement mise à rire.

Monsieur Miauo, désormais officiellement nouveau président, s'est ensuite rendu dans sa nouvelle résidence officielle, la Maison Blanche.

Au début, la transition vers cette nouvelle administration a été un peu difficile à organiser. En plus des membres officiels du cabinet du Président, Monsieur Miauo avait ajouté certains de ses meilleurs amis félins. Cependant, ces conseillers spéciaux étaient plus intéressés par la chasse aux pointeurs laser que par les réunions politiques.

La cuisine de la Maison Blanche était remplie de nourriture pour chats et la roseraie a été transformée en bac à litière géante.

Dans les couloirs de la Maison Blanche, Monsieur Miauo aimait explorer tous les couloirs avec la curiosité typique d'un chat. Les employés ont essayé de gérer au mieux cette situation surprenante, en essayant de s'adapter à la présence du nouveau leader.

LA NOUVELLE GOUVERNANCE

Dès son entrée en fonction, Monsieur Miauo a commencé à démontrer des compétences politiques notables et inattendues.

Alors que les jours de gouvernement se transformaient en semaines et en mois, l'approche peu orthodoxe de Monsieur Miauo en matière de politique a commencé à produire des résultats inattendus.

Son absence de préjugés et de partisanerie lui a permis de rassembler des législateurs d'extrêmes opposés qui n'ont pas pu résister aux charmes de l'adorable chef félin. Il savait rester calme même sous la pression, ses décisions étaient réfléchies et, à la surprise générale, il était d'une écoute exceptionnelle.

Au lieu de poser d'innombrables questions, il a observé attentivement les réunions et a finalement réussi, de manière mystérieuse, à faire les options qui reflétaient le mieux les intérêts du peuple américain.

Malgré son manque d'expérience politique et son incapacité à parler le langage humain, Monsieur Miauo a rapidement conquis le cœur des Américains grâce à ses sages décisions et son fort sens de l'empathie envers tous les êtres.

Au fil des jours, Monsieur Miauo a gagné de plus en plus la confiance du public. Son approche non conventionnelle de la politique était rafraîchissante et sa présence rassurait les citoyens.

Les taux d'approbation du Président Miauo ont augmenté alors qu'il utilisait son charisme naturel pour négocier des accords et adopter des lois qui profitaient à tous les Américains (personnes et animaux).

Malgré des défis difficiles et même des critiques de la part de ceux qui doutaient de ses capacités, Monsieur Miauo a continué à gouverner avec grâce et compassion.

Il a écouté attentivement ses conseillers et a fait des choix décisifs privilégiant l'unité du pays plutôt que la division.

UN HÉRITAGE EXEMPLAIRE

Le pays commença à prospérer. L'économie s'est développée, la paix a été rétablie dans de nombreuses régions du monde et les Américains ont commencé à se sentir plus heureux. Les États-Unis sont entrés dans une nouvelle ère de paix et de prospérité, sous la direction de Monsieur Miauo.

Au fil du temps, même les plus sceptiques ont commencé à apprécier son style de leadership calme et son engagement inébranlable au service des plus démunis. Peu à peu, les tensions nées de son élection ont été remplacées par l'acceptation, voire l'admiration, du style du nouveau président.

Les gens ont commencé à s'unir autour du nouveau président. Ils savaient apprécier l'humour de la situation et l'adorable tête du chat est devenue une présence amicale et fréquente dans les journaux et les chaînes de télévision.

Le mandat de Monsieur Miauo à la présidence des États-Unis a été une expérience unique dans l'histoire de ce grand pays.

Avec la dignité et l'humilité typiques d'un véritable homme d'État, Monsieur Miauo a continué à exercer son rôle jusqu'à la fin de son mandat. Au terme de ses quatre années de mandat, il savait qu'il avait laissé un héritage bien plus grand que ce qu'aucun de ses électeurs aurait pu imaginer.

Un héritage particulier, construit sur la compréhension et le respect de toutes les créatures, grandes et petites. Il a contribué à créer une nation plus heureuse et plus amusante.

La nation américaine se souvient encore avec le sourire de l'époque où un chat dirigeait le pays avec tant de dignité et de grâce.

Pour de nombreux Américains, il était le meilleur président des États-Unis de tous les temps. Avec tendresse, beaucoup l'appellent encore le **« Le Président Purr-fait »**.